AF509787

PÉTITIONS

ADRESSÉES

A L'ASSEMBLÉE LÉGISLATIVE

PAR LES NÉGOCIANTS ET FABRICANTS DE

PARIS,
LYON,
SAINT-ÉTIENNE,
BORDEAUX,
MONTPELLIER,
CETTE,
BAYONNE,
LA CIOTAT,
ELBEUF,

DEMANDANT

LA RATIFICATION DES TRAITÉS LEPRÉDOUR,

SUIVIES

DE DIVERS DOCUMENTS COMMERCIAUX.

PÉTITIONS

A L'ASSEMBLÉE LÉGISLATIVE

PAR LES NÉGOCIANTS ET FABRICANTS DE

PARIS,
LYON,
SAINT-ÉTIENNE,
BORDEAUX,
MONTPELLIER,
CETTE,
BAYONNE,
LA CIOTAT,
ELBEUF,

DEMANDANT

LA RATIFICATION DES TRAITÉS LEPRÉDOUR,

SUIVIES

DE DIVERS DOCUMENTS COMMERCIAUX.

1851

Monsieur le Président et Messieurs les Membres
de l'Assemblée Législative.

MESSIEURS,

Au moment où les nouveaux traités conclus par l'amiral Leprédour vont être soumis à votre sanction, nous venons nous joindre à nos compatriotes de la Plata et vous demander la ratification d'une paix objet de tous nos vœux.

Le commerce de la France a besoin de voir cesser cet état de guerre ou d'incertitude qui pendant longtemps l'a privé d'un de ses principaux débouchés, et maintenant l'empêche de prendre le développement dont il est susceptible. La menace incessante d'une reprise des hostilités paralyse tout essor et arrête toute entreprise qui doit compter sur l'avenir.

Sans revenir ici sur les arguments développés dans les deux pétitions qui vous ont été adressées par plus de sept mille Français établis sur les deux rives de la Plata, nous nous bornerons à déclarer que nous partageons leurs convictions et formons les mêmes vœux.

Si la guerre compte encore quelques partisans parmi ceux qui n'ont rien à perdre, ou qui trouvent leur intérêt dans la continuation d'un état de choses désastreux pour le commerce, c'est que les secours que la France a si généreusement accordés contribuent à en augmenter le nombre, et pourtant ce nombre est si restreint que l'on s'étonne de leur voir dans la mère-patrie autant de sympathie et de défenseurs.

La confiance dans la consolidation de la paix a été si généralement partagée que depuis deux ans des capitaux considérables se sont engagés dans la Plata, représentés par les riches cargaisons de plus de deux cents navires partis de tous les ports de France. La reprise des hostilités, paralysant toute transaction et rendant les retours impossibles, serait le signal d'une crise désastreuse. fatale même pour la plupart de ceux qui ont des intérêts dans la Plata.

Nous vous supplions donc, Messieurs les Représentants, de mettre un terme. à une position aussi critique et de prendre en considération les vœux sincères que nous formons pour la ratification la plus prompte des traités qui nous assurent la paix et la sécurité.

Dans cette espérance, nous avons l'honneur d'être,

Messieurs les Représentants,

Vos très humbles et très
obéissants serviteurs.

Paris, le 31 janvier 1851.

COMPAGNIES D'ASSURANCES MARITIMES ET COURTIERS D'ASSURANCES.

Charles BAL, directeur du *Lloyd Français.*
E. LÉGER, secrétaire des *Assureurs particuliers.*
LACHEURIÉ, directeur de *La Chambre d'Assurances maritimes.*
DESPRETZ, » de *La Sécurité.*
PLOYER, » de *L'Indemnité.*
HURISET, » de *La Mélusine.*
GAGE et Comp., » du *Neptune.*
POULAIN, » de *La Vigie.*
GILLETTE, » de *La Compagnie d'Assurances mutuelles.*
PLOUVIER, » du *Cercle Commercial.*
DELEHAYE, » de *La Sauvegarde.*
Charles ZELMUTH, agent de *La Garonne.*
HUSSON, MAUTIN, DESBOUILLONS, DECOURTIVE, S. MONOD.
PANEL, courtiers d'Assurances près la Bourse de Paris.

Paturle-Lupin, Seydoux, Sieber et Comp. — A. Seillière. — Gros, Odier, Roman et comp. — Dolfus, Mieg et Comp. — Paul Bacot et fils. — Hartmann et fils. — Louis André, Pillivuyt et Comp. — Mitjanz et Comp. — Marco del Pont. — Aguirrevengoa fils et Urribarren. — Launay, Hautin et Comp. — Ricou et Blanc. — Moitessier. — Hache et Pepin Lehalleur. — Canuto, Calvet. — G. Obrien. — Blech, Steinbach et Mantz. — Nau jeune. — Chocqueel et Comp. — Plaine frères et Caron. — Germain Thibaut et Chabert. — Edme Morisset et Duhamel. — Brassac, Chaise, Martin et Hœssener. — Pitoin aîné et Moreau. — Riche. — Patriau. — Dupuytrem, Penicaud et Comp. — F. Niquet. — Hersent et Comp. — Bequemie. — Em. Legrand. — Léon Duquenne. — Dufour et Leroy. — Berger, Walter. — J. Léon. — Bernoville. — Larsonnier frères. — Hamot jeune. — Jules Pique et Ch. Piot. — Londe et Brandao. — Auguste Lefebure. — Jouvin et Comp. — Vauvray. — F. Huet. — Tollu et Bertrand. — Cohin et Comp. — C. Oulmann. — Michell et Depierre. — Tavernier, Landron et Comp. — Guilmoto et Provençal. — Trupelle et Van Ganswinkel, Paraf, Petillot et Comp. — Germain et Comp. — P. Idrac. — Grossmann et Wagner. — P. Orbelin. — Henry Dupon. — Noël. — E. Gardère. — Georges Hooper, Carroz et Tabourier. — Léora Ferrand. — Trelon, Weldon et Weil. — Th. Barbey. — Richard et Vatin. — V. Bénais. — Barbier, Langlois. — Allemand. — Jolivard et Chereau. — Ferron. — C. F. Dutilloy. — C. Laude. — Sajou. — Caillau, Luppé jeune. — Thierry frères. — Patto et Jourde. — J. Michaud. — G. Hess. — Beer et Comp. — Coqueteaux et Danthonay. — Golay et Cart. — A. Godard et Bontems. — G. Pastor. — C. Farrenc. — J. Blanchon et Delachaux. — Lenfant. — Rosa, Bouret et Comp. — M. Lorme. — Fréd. et Ch. Muller. — Nathan Hernsheim. — G. M. Orr. — Piver. — Jules Bénard. — A. Poussielgue. — Blanchet, Nouette et Delorme. — Ponson Philippe et Vibert. — Devès frères et Comp. — D'Hallu et Brun. — Letestu et Comp. — Gemis et Bayard. — Longueville. — Esnault Pelterie. — Lussigny frères. — Maufrivez. — Bouffart, Terrier et Comp. — Talbouis, Verdier aîné. — Ch. Plet. — F. Contour. — E. Belhamy. — Dubois jeune. — Le Boyteux. — Lecoq et Evette. — Bouchu et Revy. — Mocqueris aîné et Comp. — Ch. Lefebvre. — Fréd. Dolfus et Comp. — Sauret frères. — Guynet et Becquet. — Thierrée et Vaillant. — Châtelain et Comp. — C. Granger. — Singer. — A. Dehesdin, neveux. — Coupelas. — Trèves frères. — Goubillon. — Mantou. — Buchatel, frères et Durozelle. — J. M. Marsoulan. — Perron. — Raingo frères. — Hayet aîné et Comp. — Picque. — Berger, Blanchard. — A. Poulet. — Cabannes et Fournier. — G. Guillaumin. — C. Hervey. — D. Henry Villeneuve. — Sefert. Badel. — Rey. — Veuve Cantier aîné et Naves. — Sichel Javal. — J. Laborde. — E Carnot et Sabal. — Leopold, Revel. — J. Labrousse. — Linard. — Devieux et Danvin. — M. Guignard. — Witier et Bernier. — Guillais. — Hannotin. — M. Revel. — B. Meyer. — Menard Delaporte. — L. Becus. — I. Bertrand. — A. Camus. — J. M. Bées et Comp. — Charles Thibault. — Paul Sormani. — C. Lelièvre. — Vincent Hardy. — Vincent Carlier et Marchand. — E. Mayer. — Plessis. — Gallet frères. — Galtier fils aîné. — Peillod. — Placet fils aîné. — Girard. — C. Tondu. — P. F. Coste. — Royer. — Paraf. — Gérard. — Reynard frères. — P. Bruchon. — Sergent. — Diament. — Dabeau fils. — Hovyn et Lacointas. — Hory. — Grezy. — Gaillard. — Guillaume. — A. Trèves l'aîné. — Bonsamy frères. — Heimburger et Comp. — Benoist. — Menu, Carpentier et Marolle. — Dauphin. — Guérin fils. — Bazin. — Caqui. — Lavallard frères. — D. Nagilan. — H. Delpech. — Bernan. — A. Outin. — Lequin et Auguste Gruyer. — P. Reymond. — C. Bonnemason. — Balny jeune. — Henriet. — Bazin. — F. Radiguet. — Dutach et Violette. — Pasteau, Japuis et Roux. — P. Raguet. — Jules Chambaut. — Frontineau et Comp. — Auguste Meyruis. — Dautin fils. — Hébert et Dubois. — Pastourel et Liébert. — Pillice et Laffon. — Augé. — Millescamps et Comp. — Auguste Breul. — A. Devèze. — Draps et Goudenave. — Payan. — Videcoq, Simon. — Léon aîné et fils. — Pigerche et Mallat. — Buiard. — Aubry et Ferté. — Chedeville. — Veuve Delaplanche. — Hamon frères. — Traversier. — B. Hovyn. — Lallemant. — Ant. Mesnard. — Terrillon et Vesanguy. — Nappe et Biseaux. — Nau jeune. — Henriot frères et Comp. — E. Mignot. — Bonnet et Vosgien. Aguine Pichot. — Sautreau et Vion. — Drevet cousins. — Tanner et Koller. — L. Baillargeau. — Bertaux. — Bibars jeune. — Auguste Chedaux. — Robin et Jules. — Castel Vanbourg. — Roquancourt. — Léon. — A. Guérin. — Frémul. — Frémul. — Jules Moes. — P. Laydet et Comp. — Hippolyte Gavoty. — Ch.

Desclaux. — J. Poisson. — Marotet. — P^{nes} Courregeolles. — Ch. Bollack. — M. Bacus. — A. Bernard. — Hte Trotté. — Rouvenat. — Th. Philippe. — Marin. — Théodore fils. — Dorantcroix. — Badon. — G.-L. Meyer. — Rovère. — Schmieder. — Guenol. — J. Th. Meyer. — Carpentier et Comp. — Casquel. — Hermann Pollack. — Kuper. — Lepelletier. — Caro. — Guille Fischer. — Et. Capron. — Gibus. — Delille Stal. — Valtate Bouillé. — Boulanger. — Bas. — Adalbert Schmidt. — Dumotel. — Renault. — P. Lettang. — Luisy frères. — Gruchenot frères. — E. Eloy. — Henneveux et Mescane. — Thom. Ortiz. — Delaplace. — Chabrié. — J. Gourjon. — Lefure. — Bte Croutz. — Madoule. — Tabary. — Gueroult et Clauzel. — Passenrobert. — F. Valteau. — Dubost. — Patout. — Bonnet et Augereau. — Caen et Comp. — A. Clément. — Beer et Comp. — Coppée. — Th. Sanz. — Alexandre. — Colomb. — Deshomme. — A. Thomas. A. Laforest. — Schusmascher. — Dezar frères. — Schnabaucher fils. — Chamerlat fils. — Foucault et Comp. — B. Bignault. — Bawer et Comp. — Leyreni-Placer. — J. Caron. — Dufournet fils et Lamoy. — Bur frères. — Estienne. — Ch. Arnoult. — Leclair. — Desaullvaux. — Salvator Terguiène. — Jeanjean Bernabet. — C. Nissous. — Gust. West. — Bayem Tiné. — Allain et Comp. — Berger. — C. Himmer. — Houlet. — Etcheverry. — Eissen. — Maricourt. — Legaux. — Lenoir. — Ch. Susmann. — J. Koller. — E. F. Krauss. — H. Limosin. — Desmarest. — Ch. Capsan. — Auguste Bertrand. — E. Hovyn. — H.-C. Debbeld. — E.-A. Renouard. — Hue frères. — Marc frères. — Louis Bertrand. — J. Griès. — E. Blanc. — Dilsheimes. — Baschet. — Rosenthal. — A. Ramos Hobsbacher. — E. Guerdat. — Durand. — Ch. Aulagne. — Samana. — Becker. — De Maricourt. — Th. Haguemann. — J. Ducanne. — A. Mayer. — René Héron de Villefosse. — Joseph Clary. — Miroy frères. — Wagner. — Bérot. — A. Chabal. — F. Michon. — C. Blanc. — M.-F. Schuz. — Luquin et Clara. — Mathorel. — Pillon. — Estève. — J. Dumont et Comp. — Bune — Grousselle. — Poitose. — Stoeitberg. — Bigorgne. — Michel. — Montané. — Ducrot. — Ph. Leroy. — Turquet. — Fontaine. — Lafaille. — Chenaillier. — Jouin jeune. — Massy. — Hury. — Montier. — Robert. — Zeller. — Benard. — Grenquief. — Merley. — E. Cousseau. — Lecourt. — Ménant. — Ch. Schèrer. — Becker, Brassier et Lapierre. — B. Cousseau. — Aimé Amant. — Gourjon. — Tranhy Magniadat. — Godard. — Beausange. — Grosmaner. — Queil. — Carties. — Bellichon. — Picard. — Tombal. — Trophe. — Gunther

et Comp. — Barbier. — Prospérinet. — Ducly. — Moreau. — Besnouin.
— Havet. — Savarin. — H. Picard. — Bergeron. — A. Berro. — Guillotin. —
Worenna. — G. Augé. — Pouilleau. — Floin. — Fucaud. — Bauer. — David.
— Russy. — Vachon jeune. — Gaulthier. — Fourqueraut. — Derode. — Lopez
et Guenet. — Henraux. — Neikoy. — Guilles et Comp. — Téncric. — Dazeaux.
— Rousseau et Comp. — Ehrenberg et Maillard. — Maurice Mouiller. — Hi-
naut. — Barlet. — Klemm. — Boudet. — Fromont. — Girard. — Chosson et
Comp. — G. H. Pasche et Comp. — A. Lohse. — Jules Tinterling. — A. Blum.
— Russe. — Lemarchand. — Michell et Decpiesne. — Chouillou fils. — Delion
et Gillet. — Ch. Hunt. — Lejolliot et Boutrou. — Menet. — Susset. — Hirschler.
— Batard. — Auvry. — Deaudeville. — Chatcy. — Basbois. — J. Delecourt et
V. Bechet. — Bayard frères. — Salleron. — Son. — H. Rousseau. — C. Hard-
muth. — Hunt. — Perrier. — W. Frings. — Maillard aîné. — Massing frères
et Hubert. — Aroles. — D. Carruesco. — Renardeux. — Catrin. — C. Treifous.
— David. — Aug. Durand. — Hadrot. — Lauret frères. — J. Gingembre. —
Aug. Faucillon. — Véry. — Vandereecken. — Cotel. — Fontaine. — Doublié
Ossonce. — Lacher. — Dussause. — W. G. Smith. — J. Froment. — A. Brunat.
— Sennet. — Pécheux. — Ed. Fournier. — F. Drogart. — Ch. Froment. —
I. Landry. — Rostriger. — Histin. — Martin. — P. Rottu. — J. Jourdan. —
H. Barbier. — L. François. — Garme. — Roy. — Clerget. — Gauchet. — A.
Provost. — Parmentier. — A. Baschet. — Th. Deverus. — Lefébure. — Sie-
dentopf. — Thiellemont. — Godard. — Harmant. — Kurz. — J. Klotz. — Morel,
Marbouty et Comp. — Mitaine. — J. Dreyfus aîné. — Pontareau et Bataille. —
Loréal et Comp. — Piault fils aîné. — Launay. — C. Lepelletier. — Puccy.
— Foissy et Vildieu. — Filon. — A. Charchat. — F. Jacquet. — Léopold. —
Lamarche. — J. Lebrun. — Mancigier. — Naud. — Theyraud. — H. Brunet.
— A. Boutard. — Eugène Foistel. — Manoury, Brun frères et Loiseau. —
A. Verdier. — Leullier. — Becker. — Girard. — Boissy. — Favrot. — Maurer
frères et Masson. — Payan. — Germinet. — Legeay et Josse. — Lecanu. —
L. Oudard fils et Bouchard. — A. Vaugeois et Truchy. — Lefort aîné. — Lau-
rençon. — C. G. Malzac. — Taupignon. — Redon jeune. — Maugenet et Cou-
dray. — Lourmand. — Houssemaine. — Barrande. — L. Belton. — Hamon.
— Lefebvre. — Moreau. — François Delarue. — Amante Hébert. — Vildieu. —
Garnier. — Julien Delon et Roustan. — Senet. — H. Dutertre. — D. Rueda.

— R. Laurens. — M. Lorme. — Decoué et Pélissier. -- Laurette. — Yaniz frères. — Lottin et Pourtalès. — Garat. — J. Pison. — Chapet. — L. Petit. — R. Hibaire. — Gaume. — Beley. — Beurliez. — Gravallet. — Voland. — Maître. — Girault. — Uhring. — Berton. — A. Bardon. — A. Martenot. — Dubois de Saint-Vincent. — Ed. Geoffroy. — Lefebvre. — J. Seguin. — Chenaillier. — E. Chobert. — Lamy et Lacroix. — Langlois père et fils. — Coiffier. — Guerlepied. — Floury. — Hérard. — Hermand. — Dillenseger et Patry. — Midocq et Gaillard. -- Tharin. — Lemayre et Senet. — Duhamel. — Labèze. — Th. Année. — Massez et Boulanger. -- Reautey. — Barbier, Tony. — Langlois. — Bicheron. — Vaugon. — Chambellan. — Théodon. — Rosset. — Renaut et ses gendres. — Lucien Laulhé. — L. Cecchi. — Et. Simon. — Prieur. — Marette. — Rey Chevalier. — Badoureau. — Laurençot, — Poiret frères et neveux. — Aubert Delavallée. — Libert aîné. — A. Testard. — Chemin. — Moizard. — Chambard. — Dupont. — Dumont père et fils. — Hamot. — Crillont. — Franck Momenheim. — G. Digrell. — E. Martin. — C. Lang. — C. Monvarin. — Beaumont. — Chevreau. — Veuve H. Schriber. — J.-J. Arlenspach. — Joseph Léon. — Rabourdin. — Baschet Caullier. — Veuve Cantier et Naves. -- P. Breton. — Beauzée. — Sérée. — H. Baullier. — Rigoulot. — J. F. Rat. — Ch. Lecoq. — Trescat. — V. A. Breton. — A. Muller. — Favre. — Bouchet. — T. Prevel. — M. Breton. — Latour. — Guyet. — L. Lecoq. — Fénon. — Grandchu. — Boyer. — Leclerc. — Merlin. — Henri Tugghe. — Méjon et Pétremand. — Bouvier. — Jaffé de Saint-Martin. — Celhazr frères. — J. Payen et Laleu Payen. — Chevallier. — Charles Febvre. -- A. Berjeau. — A. Gilbert. — J. Kouffmann. — H. Belidenty. — Ch. Montmirel. — J. Gelot. — Boisduval. — Daubertjeune. — Habeume. — Mayer, Cahen. — Busch et Hammer. — Mme Durand. — Alex. Picard. — Mailly. — Théodore Schmit. — Bossu. — Cotton. — Giot jeune. — Philippe. — Faniert. — Paret. — Sivot. — Philippe Simon. — Lemonnier. — Meongolle. — J. Simon fils. — J. Henry. — Fouqué. — A. Balny. — J. Schmols. — E. Mareul. — J. Hayem aîné. — Couchonnal et Comp. — A. Sauret. — G. Chevalier et Solignac. — Brun frères. — Foum frères et Comp. — Duchemin. — Delon et Alboy. — C. Oudin. — Denuve, Rodat frères. -- Nappe et Biseaux. — Manoury, Brun, Ferrière et Loiseau. — C. Gelhirel. — Lyon et May. — Dedds. — Bonnet. — Leurt. — Delong. — Philippe. — Pierre Biez. — Charles

Labat. — Evrard, Asselin. — V. Damourette. — Lafourcade. — H. Rousseau.
— A. Boucher. — E. Delevingue. — A. Coulon. — E. Pattue. — Walornamm.
— Kraft. — Vidal. — Léon. — Mademan. — D. Blanc. — Th. Poutard. —
Mailly. — Chauvière. — Payol. — F. Bicler. — Hazard. — F. Deboille. — Ma-
gniam. — Auber. — Dilsheim. — Olivier. — Nutton et Casen. — Etienne frè-
res. — E. Paillard. — Préau Guillotte. — B. Renard. — C. Dorez. — Henry.
— Guillemin frères. — Riottot. — Maremde. — Rosenthal. — Maupeur. —
Tabary. — Huet. — Chatain. — Laporte. — Dreyer. — Bedenc. — A. Thomas.
— Evrard. — J. Périssin. — E. Chanlaire. — E. Riche fils. — Theubet. — A.
Chaumont. — Loyseau. — Dessoye. — L. Pomairo. — Boieldieu. — N. Dubois.
— L. Menard. — Thibaut et Martin. — Auguste Warin. — Napoléon Bon-
homme. — Fresse. — Et. Puscarlet et Guibert. — Moirot. — L. Marsillac, Do-
mergue. — Juneau. — Auriot. — Lhotellier. — N. Letailleur. — Malezin, Le-
febvre et Comp. — Lemertre. — Lecourt. — M. Léon. — Messiur. — Zœller.
— H. Errard. — Laugier fils. — Collomb. — Reuttinger. — Wendel. — Aubert.
— Aaron Javal. — Levanois jeune.

Lyon, le 2 février 1851.

Henri Cochard, — Chastel et Vailloud. — A. Dunoyer et Comp. —
Clavé, Fabra et Guix. — E. Prunier. — Delphin, Picquet et Volozan. —
Lafont et Comp. — G. Badoil et Bellaton. — A. Désinzeur. — Lorin, Roibet,
et Naquin. — C. Gerbe. — Trouvé, Ray et Comp. — Chenevier, Roux et
Duressy. — Cirlot et Frachon. — A. Sabran et Arnaud. — Michard et Bounaud.
— P. Mantelier et Comp. — Meyrueis. — Martel, Geoffray et Valansot. —
J.-B. Chuard. — Donat aîné. — F. Renaudin et Arod. — Anrès, Taperin et
Créton. — Joseph Bellon et Compagnie. — Verset et Forest. — Dupont et
Barrelon. — Schulz frères et Beraud. — Mollot et Sorlin. — Vignet frères. —
A. Giraud et Comp. — Jurien et Bollard. — G. Peillon et fils. — Caffarel. —
Veuve Marron et fils. — Roset. — J. Bonneton et Doux. — Guillier, Tantet
et Comp. — J. Henry. — A. Guillin. — Gauthier fils aîné. — A. Bonardel. —
A. Guinet. — Perret frères et Mercier. — T. Perriollat. — L. Reynier cousins.

— Martin et Dolbeau.— Antoine Montalan. — A. Audibert.— Auguste Rousset et Nachury. — Roche et Dime. — Lapeyre oncle, neveux et Dolbeau. — Charles Rave. — L. Gélas et Comp. — Renaud et Favrot. — A. Deboille. — Morand et Porte. — Pierron et Faure. — Reverony et Girel. — Girard, Gauthier et Fornas. — Font et Chambeyron. — Marion et P. Vinchet. — Silo cousins. — A. Bussy aîné. — Ferrier-Laréal. — M. Sestier et Molleron. — Floret et Boissat. — Rérolle et Ray jeune. — Charles Bibet et Comp. — J.-P. Millon et Comp. — A. Dervieu fils et Comp. — Pinoncély fils et Girard. — Guise et Comp. — Larrivée et Comp. — Gandollière. — Wulveryck e Couturié. — Deléchaux. — A. Troccon. — Donzel frères. — Louis Gindre. — Renard père et fils. — Vial et Drogue. — Michel frères. — Piaget et Roux.— Mussy et Galtier, — Morier et Roche. — Joseph Millioz et Comp. —Thevenet, Raffin et Roux. — Bonnet, Pasquet et Comp. — Dutel et Blanc. — N. Aubert. — Rougier et Bonnet. — M. Prés et Comp. — J. Pascal et Comp. — Dumaine, Manuel et Comp. — Idril. —Tresca et Deschavannes.—Ulysse Samson.—Gourd et Pelet. — Furnion frères.—A. Chastel.—Briandas et Delaroche.—Blanchon frères.— Berger et Pauthe.—Jourdan, Verchère et Comp. —Joseph Dubois et Comp. —B. Morel et Garnier.—M. Favre et Guitard.—Basset et Comp.—Grillet aîné et Comp. — Geoffray et Chanel. — Dunand et Jullieu. — A. Montessuy et Chomer. — Chazottier jeune et Comp. — Mousset et Charbin. — Desgrand père et fils. — Perret, Bigot et Comp. — Pariat et Boisset. — Nodin. — Ruister-Margaroo. — Larpin gendre et fils. — Fageton fils et Poiron. — L.-J. Platel et Arquiche. — Saillard. — Ratery. — Baudoin. — P. Roussy.— Carret et Forrat. — Guichard, Ravel et Comp.— Clément et Comp. —Fanhy. L. Pugien aîné. — A. Bressac. — Dumoulin. — Veuve Berton et fils. — —Audré.— Renard.— P. Pellerin. — Larpin. — Millet. — Moz. —L. Martel. — Tranchand.— Deschamps.— Salavin.— A. Esprit.—A. Vignet. — Charles Vignet. — Charles Bosonnet, — Peillou fils. — Mathieu. — F. Dumont. — A. Lovis. — Audibert. — N. Geoffray. — Combe. — Camus. — Mas. — Roginet. — Barnoud. — Robert. — Chevassus. — Chevret. — Thiolouse. — Pastre aîné. — Mecque. — Latrul. — Clet. — Laposte. — J.-F. Magnin, — Moreau. — Marillier. — Pastre. — Blanchet. Conte. — A. Martel.—Chatelau. — Chatelain. — Grand-Perrin. — Dugelay. — Dubost. — Inatton. — Blanc. — Dufour. — Magnin. — Turthy. — Dubois. — Julliard. — I. Charbonnel.

P. Dubier. — Doncieux. — Paul Bernard. — Dons et Thermos. — C. Garnier.
— Labourier. — Dumont. — Saignat. — Boissieux. — Joseph Ballet. — Domer.
— Jacques Solbialy. — Belz. — J. Geoffray. — Landurou.

Saint-Étienne, 9 janvier 1851.

Messieurs les représentants,

La chambre de commerce de Saint-Etienne, adoptant les motifs consignés dans la présente supplique, prie l'Assemblée législative de vouloir bien la prendre en sérieuse considération.

DE ROCHETAILLÉE, *président de la chambre de commerce;* E. RICHARD, *secrétaire;* TOULZA, ROBICHON, FAURE, J. PAILLARD, PONSON aîné, Henri PALLUAT, FRÉCON aîné, *membres.*

J. Peyret. — Donzel et Maussier. — M. Berthollet. — Janvier et Comp. — F. Balay. — Balay aîné. — Bresson et Chavanne. — Durand-Badel. — Chapelon et Dauphin. — J. M. Philip. — J. B. David. — F. Colcombet et Comp. — Royel-Sauvignet, S. Barle. — Nicolas et fils. — A. Descours. — Journoud père et fils. — Battisan. — Chaise et Fonvieille. — Durand. — Durand et Gilbert Payre. — Testenoire. — Cartel. — Fraisse-Brossard. — Chapuis et Larderet. — Fraisse Merley. — Morin et Labarthe. — Valantin. — Vaillant et Rivolier. — M. Flotard. — M. Flotard. — Blançon fils. — Dufresne. Troyer et Dufour. — J. M. Maras. — A. Larchet et Comp. — Gachet neveu et Ravel, C. Tivet. — Girard et David, fils de Jean-Baptiste. — Basson aîné. — Balleygnier et Laroa. — Comalge. — Laiou fils. — Cholat fils. — J. Dupré. Ploton, Coron et Comp. — Rey frères. — Epitalon aîné. — Jules Baley. — Balay frères et Comp. — Collard et Comte. — Chapelin et Cognard. — André Merlié. — Valancogne. — Girinou fils. — Bluchon et Coste. — Jaray et Jules Chapon. — Leclerc. — Peyret-Lacombe. — Pagnon, Fraise et Gomy. — Augier et Comp. — A. Süe. — Chabanit et Garin. — Grulus. — Chaleyer. — Pourberg et Buffe. — Palle-Gilly. — Cauchaud. — J. Morel. — Martin et Comp. — Caillat et Rey. — J. M. Brossy. — J. C. Roche. — Louis Lax et Comp. — De Brey.

Durafour et Neveu. — J. Serre. — Rispal frères et Callet. — Mounier père et fils. — G. Celle et fils. — Terme et Sovignet. — Etienne Giron. — Vialletton et Salabert. —Januel. — Eugène André.—C. Flachat.—Faure et Thezenas. — Veuve Fauvet. — A. Beaufils. — Freçon jeune. — Tabord. — Varenne. — P. Jourdan et Comp. — P. Bizalion. —Paillot et Egalon. — Portallier et Barrailly. — Nayme. — A. Dubouchet et Thomas Revel aîné. — J. Barbier et Pellissier. — Guerin. — P. Souillier. — C. Raibe. — Barbarin et Vialletton. — Mounier et Libeyre. — Boudarel-Bonhomme. — Deplace et Duplomb. — Brunon et Comp. — Pinatel et Faure. — Fessy fils aîné et Prat. — Vignat. — Berger père et fils. — Sabot et Freydier-Dubrueil. — Gachet et Comp. — Joucerand et Comp. — G. Larderet. — A. Numacete. — Martial Mérieux. — Ferendit et Nuisa. — J. Chaleyer et fils. — Bourgaud fils et Vaché.—Blanchard. — Fourneyron et Faure.—Fraisse-Jaquet. — Crepet-Descours et Gerentet. — Griot et Comp. — Revollier, Portafaix. — Larcher, Faure et Comp. — Vallat et Souhait. — A. Bodoy, Bayon et Denis.—E. Boulin et J. Ferraton.—Lacour et Comp. — Barallon et Brossard. — Baulraux, Avril et Cavard. — Duplay et Balay. — M. Paneal.

Bordeaux, le 31 janvier 1851.

Lamaud, Cortez et Comp. —V. Beylard. —D. Mahistre. — Petit. — Ménier frères. — Vazquez et Comp. — Santa, Coloma et Comp. — Reyssard et Gautier. — Duvergié jeune, Bassié et Comp. — Jacques Lagelouze. — Jules Louton. —H. Sempé et Comp. — L. Barbier. — A. Lopez. — Garres jeune et L. Caussé. — John Durand et Comp. — Charles Dugas.— B. Couve. — Motelay fils et Comp. — Garres aîné et fils. — Dupré jeune. — R. Vigué. — C. Michel. — C. Lajoanie. — Joseph Cairac. — Auguste Denan. — Azéma. — Albert. — Berthelot. — Denan jeune. — N. Nunez. — Ch. Donet. — M. Faucher. — B. Crouette. — O. Laugier. — F. Delmutie. — C. Alliez. — P. Artigues. — Ed. Cabannes. — Elie Veillon. — J. Allard. — A. Borderiea. — P. Salvané aîné. — M. Darlan. — P. A. Henry. — J. Segrestoa. —D. Cousteau. — L. David. — E. Leroy. — Auguste Assier et Comp. —J. D. Maiz. — J. Tandonnet frères.

— H. Lagardère. — Marc Merle et neveu. — Fréd. Alexandre. — P. Desse. — D. Lequellec. — Nunez. — B. Sansané. — D. Vergnes. — Ch. Raganeau. — D. Estoriac. — J.-J. Chalès. — A. Very et Comp. — Rochery et Comp. — R. Dennisart. — M. Labadie. — G. Libéral. — Ernest Duluc. — P. David. — L. Rousseau. — Ad. Lubbert. — Julien Bruché. — A. Thévenard aîné. — Justin Vellé. — Bonldoyre. — Joseph Darthès. — F. Martin. — Montanbria. — J. Roubeau. — V. Labadie. — P. Dehuzal. — P. Constantin aîné. — D. Domecq. — Ponsin. — J. Calmel. — E. Lacampade. — P.-F. Eyquem. — G. Coutard. — D. Fernos. — J.-B. Laffitte. — V. Hennet. — P. Flandin. E. Racle. — Delpech. — L. Adour. — Espunal. — C. Anselutz. — H. Chamel. — Langensée et Comp. — A. Monset. — Hardoy. — Blancan jeune. — Monset aîné. — Nuyens. — Poumaroux. — Amb. Castellane. — P. Thibaut fils aîné. Auguste Robert. — Th. Jacob. — Touchet. — A. Arnaud. — Ed. Cornu. — Terrier et Comp. — Maury aîné. — Rubeche. — Aumez et Monis. — Pauru et Bertherué. — Ch. Pepuy. — J. Delmas. — Cartet. — J. Betus. — E. Richon. — Ch. Weinzurle. — Tournay. — Rambeau. — P. et J. Dunand frères. — H. Dorgand. — M. Depas. — Alibert et Clavières. — Dourdin aîné et Comp. — A. Grimaud. — J.-P. Decamps. — M. Marosteguy. — Paulin Lafargue. — V.-H. Scinlar fils. — Bouvet jeune. — G. Guibert. — V. Couturier. — M. Lehman. — J. Minvielle. — J.-C. Daugène. — Caudenal.

<hr>

Marseille, 2 janvier 1851.

Wulfram Puget. — Augustin Fabre et fils. — Pascal jeune et Barthélemy. — Savaly père et fils. — Jean Nicanello. — J. Borelli. — Régis aîné. — L. Luce. — H. Pergasse. — Davison et Custo. — J. H. Reymonet. — G. Lasalvy. — Desgrand père et fils. — P. L. Domergue. — M. Tarambergue. — Rodocanachi fils et Comp. — Ansaldi et Guiguer. — Fréd. Fournier. — Vague frères. — Michel Zirio. — Jacques aîné, Chinghizloa et Comp. — Jourdan, Brive et Comp. — Plagniol de James. — Les fils d'Halley aîné. — Viroglio Schlœsing et Comp. — J. P. Carmagnolle. — Chaurallaugas. — André Guiol. — Liquier Dalbis et Molines. — V. Taxil et fils. — Corneil Bez et Courtois. — Viguier et

Comp. — N. Raymond fils et Comp. — Henri Forcade. — J. Bieule et Comp. — Rieu.— P. Nasselo.— Nicolas de Castelnau. — Gantey et fils. — O. Oswald. — E. Juery. — Jourdan. — Ch. Dussale. — Merle et Comp. — De Bergue. — Mintard. — V. Fabre. — J. V. Martin. — Huet. — Dominique Eurle. — Lombard. - Toppia frères. — Lallemand.— Masquet.— J. B. Perrée. — Bonnefoy. — Gatto. — Raffe. — A. Jourdan. — Auban fils. — Altar.

Montpellier et Cette, 1er janvier 1851.

Blouquier fils et Westphal. — Dalbis et Isenberg. — Pagery, Voujas et Comp. — L. Kœster et Comp. — H. Cazalis et Comp. — Fournaire et Louguès. — Z. Granier et Comp. — P. Caris. — G. Wachter et Comp. — Jacques Chevreuil. — Baille et fils. — Klehe, Cuilleret et Comp. — F. Jourdan. — Calixte Gaffinel. — L. Reaujon. — H. Bergeron. — E. Cabril. — Caffarel frères et Comp. — Jean Dumont. — Hippolyte Pons. — Pagès et Salomon. — Doumet, Bonjean frères. — Vivarez aîné. — Baille, Torquebiau. — Bezenech frères. — Comolet frères et les fils de l'aîné. — Halle et Comp. — L. Cazalis, Garonne et Canebe. J. Dussol. — V. Franck.

Bayonne, 3 janvier 1851.

Roth frères. — Poydenot frères. — Maze frères. — C. Roby. — P. Labrouche. — P. Cisalde. — Lagrolet. — A. Maisonnave. — Castilla et Puente. — Charles Détroyat. — Louis Baudron fils aîné. — Bordart frères. — Charlesteguy frères. — P. Lauga et Descaude jeune. — P. Lastrade aîné. — Etchepare. — Pierre Mestelan jeune. — Ch. Hardoy. — Courau fils et Hariaga. — Emery Lagrolet fils. — A. Etchegaray. — Veuve Biarnès et fils. — P.-C. Lousteau. — P. Mestelan aîné. — A. Meyrac. — C. Laudré. — L. Lebas. — P. Berrhos. — V. Lagelouze et Bailas. — Lagrolet et Comp. — J. Fourcade. — Héron, Bernardou. — Jacinthe Jefourcade. — Puyet. — V. Verdier.

Ciotat, 4 janvier 1851.

Magnan. — Joseph Villecrose. — M. Grue. — H. Martin. — Hc Berguc. — B. Blanc. — A. Brest. — Aubin. — Faloux. — L. Rebuel. — Maurel. — Peyron. — David. — Roque. — Decugis. — Ladislas. — Martin. — Guillaume Noel. — G. Couture. — Tinat. — Chabert. — Tassy. — Auguste Chouquet. — Berton. — Coulonne. — Guiou. — Toubert. — J. Arthur. — Audibert. — Goubié — J. Thuver.

Tous capitaines au Long Cours.

Elbeuf, 31 janvier 1851.

C. Lizé, Président du Tribunal de Commerce.
E. Folio, Membre   »   »
V. Barbier, *id.*   »   »
Martin Benard, *id.*   »   »
Isidore Lecerf, *id.*   »   »
J. Sehe, Président de la Chambre Consultative.
A. Poussin, Secrétaire   »   »
Charles Flavigny, Membre   »
A. Suchetet,   *id.*   »
F. Delarue.   *id.*   »
Henry Lefort, ex-Président du Tribunal de Commerce.
M. Beer, Président des Prud'hommes.

PARIS, IMPRIMERIE DE POUSSIELGUE,
RUE CROIX-DES-PETITS-CHAMPS, 20.

DOCUMENTS

SUR LE COMMERCE MARITIME GÉNÉRAL DE BUENOS-AYRES.

Pour donner une idée de l'importance de ce commerce nous prenons dans les rapports officiels les détails suivants atifs au mouvement du port de Buenos-Ayres pendant l'année 1849.

TOTAL DES PRODUITS envoyés du port de Buenos-Ayres du 1er janvier au 31 décembre 1849.

	GR. BRET. Total 1849.	FRANCE. Total 1849.	ALLEMAG. Total 1849.	ITALIE. Total 1849.	ESPAGNE. Total 1849.	HAVANE. Total 1849.	ÉT.-UNIS. Total 1849.	BRÉSIL. Total 1849.	TOT. GÉN. de 1849.	VALEUR APPROXIMATIVE réduite en francs.
ombre de navires	120	48	62	21	22	72	86	95	526	
nnage	27,159	10,105	13,298	4,50 7	4,144	14,042	22,121 1/2	16,881	112,255	
ARTICLES.										
uf séché, quintaux	494	»	»	»	»	305,450	»	248,028	555,969	f. 6,670,628
conservé, barils	»	»	»	»	»	»	»	»	»	»
	2,655,265	86,000	»	»	»	»	»	481,000	3,220,265	64,400
en tonneaux	491 3/4	»	»	»	1/3	»	11	»	503	10,060
mes, balles	6	38	4	»	49	»	19	»	116	139,200
do arrobes	»	2	»	2	13	»	»	»	17	680
ns, balles	1,359	696	341	58	»	»	800 1/2	1	3,255	1,617,500
do surons	425	96	77	»	»	»	529	»	1,217	243,400
do arrobes	»	»	»	18 1/2	»	»	»	»	18 1/2	216
gnures de cuir, balles	415	476	903	34	16	»	1,021	»	2,868	229,440
rs, bœufs et vaches, salés	517,586	79,758	81,678	57,804	9,589	110	122,754	4,400	850,259	13,604,144
do do do secs	55,494	244,808	613,416	157.290	262,463	6,574	784,701	28,331	2,111,085	57,999,494
do chevaux do	9.982	7,927	750	1,817	9,311	»	8,009	3,067	40,865	408,630
do do salés	195,045	144	»	»	2,462	»	»	»	197,651	1,778,859
nes, bœufs et vaches	858,066	205,250	257,630	65,384	24,072	30,536	478,446	70,595	1,969,788	595,800
aux de veaux, balles	»	1	»	226	16	»	121	8	371	555,900
do de douzaines	»	»	»	»	19	»	283	»	302	7,550
do de daims, balles	»	»	2	»	»	»	22	»	24	24,000
do de chèvres, do	2	»	»	»	»	»	101	»	103	123,600
do do douzaines	»	»	»	»	»	»	52	»	52	1,560
do de loutres, balles	7	»	»	»	»	»	5	»	12	56,000
do do douzaines	28	»	»	»	»	»	»	»	28	1,680
do de moutons, balles	293	1,822	37	5	12	»	1,423	»	3,592	2,155,200
do do douzaines	»	»	»	»	»	»	106	»	106	2,120
do de veaux morts-nés, balles	»	»	»	2	80	»	16	2	100	40,000
do do do douzaines	115 1/2	»	»	2	420	»	1,420 1/4	»	1,958	59,160
f, pipes	17,150	812	»	»	»	»	»	457	18,624 1/2	11.174,400
caisses	55,782	6,240	962	342	175	1,707	»	242	52,481	7,872.150
surons	1,260	209	»	524	»	124	»	160	2,343	234,500
ne, balles	4,898	5,537	1,119	965	»	»	15,008	4	25,529	16,350,500
do surons	1,070	7	164	183	»	»	1,955	»	3,579	675,800

TOTAL. . . f. 102,212,171

ENTRÉES DANS LE PORT DE BUENOS-AYRES.

LONG COURS.				CABOTAGE.		
MOIS	NAVIRES.	TONNEAUX.		MOIS.	NAVIRES.	TONNEAUX.
Janvier	120	55,285		Janvier	507	7,150
Février	84	18,122		Février	271	5,755
Mars	56	11.419		Mars	276	5.810
Avril	18	5,551		Avril	257	5,827
Mai	48	10,178		Mai	287	6,671
Juin	61	12.512		Juin	294	7,052
Juillet	49	9,645		Juillet	350	8,952
Août	54	10,276		Août	289	8,272
Septembre	76	16,674		Septembre	251	5,755
Octobre	78	15,634		Octobre	246	8,267
Novembre	76	10,850		Novembre	504	8,160
Décembre	81	18,974		Décembre	259	8,409
	801	162,716			5,251	86,120

est à remarquer que le cabotage qui apporte à Buenos-Ayres les produits des provinces intérieures, par le ua et l'Uruguay, est presque exclusivement entre les mains des étrangers, qui, sous le pavillon Argentin, guent sur ces rivières, et jouissent de tous les avantages et de la protection que ce pavillon leur assure.

EXTRAIT DU TABLEAU GÉNÉRAL

DU COMMERCE DE LA FRANCE AVEC LES PUISSANCES ÉTRANGÈRES PENDANT L'ANNÉE 1849,

PUBLIÉ PAR LE MINISTÈRE DE L'AGRICULTURE ET DU COMMERCE.

Au lieu de 3 et de 7 millions que représentaient nos transactions (commerce spécial) avec Buenos-Ayres, s[oit] pendant 1848, soit pour la moyenne des cinq années qui ont précédé 1849, on a obtenu pour cette dernière an[née] un chiffre de plus de 21 millions. C'est un accroissement de 634 p. $\%$ sur la première période, et de 209 relativeme[nt] à la seconde.

Note du ministère de l'Agriculture et du Commerce, page 17.

Commerce maritime avec Buenos-Ayres.

IMPORTATIONS EN FRANCE DE BUENOS-AYRES.

	DÉSIGNATIONS DES MARCHANDISES.	UNITÉS.	QUANTITÉS.	VALEURS OFFICIELLES.
1	Peaux brutes.	V. mètr.	65,655	f. 19,216,746
2	Laines en masse.	Idem.	10,584	1,578,051
3	Graisses.	Idem.	11,689	667,655
4	Crins bruts.	Kilog.	234,416	543,597
5	Plumes de parure.	Idem.	7,145	122,578
6	Cornes de bétail brutes.	V. mètr.	1,228	110,528
7	Oreillons.	Idem.	1,787	81,40.
8	Guano.	Idem.	4,000	52,000
	Autres articles.			59,668
	TOTAL.			f. 13,191,584

Navires arrivés en France venant de Buenos-Ayres pendant l'année 1849.

49 » jaugeant ensemble 10,815 tonneaux.

Navires partis de France.

64 » jaugeant ensemble 13,709 tonneaux

113   24,524

EXPORTATIONS DE FRANCE A BUENOS-AYRES.

	DÉSIGNATIONS DES MARCHANDISES.	UNITÉS.	QUANTITÉS.	VALEURS OFFICIELLES.
1	Tissus de soie.	Kilog.	56,964	f. 4,088,2.
2	Tissus de laine.	Idem.	117.266	2,900,6.
3	Tissus de coton.	Idem.	105,741	2,506,0.
4	Vins.	Hectol.	50,178	1,698,6.
5	Tissus de lin ou chanvre.	Kilog.	15,073	732,9.
6	Mercerie et boutons.	Idem.	76,756	605,0.
7	Parfumerie.	Idem.	83.144	596,0.
8	Peaux ouvrées.	Idem.	19,528	496,9.
9	Effets à usage.	Idem.	23,179	463,9.
10	Papiers, cartes, livres et gravures.	Idem.	149,741	457,0.
11	Peaux préparées.	Idem.	74,885	455,6.
12	Poterie, verres et cristaux.	Idem.	3,658	455,2.
13	Eau-de-vie et liqueurs.	Hectol.	2,471	274,1.
14	Modes et fleurs artificielles.	Franc.	—	254,9.
15	Ouvrages en métaux.	V. mètr.	866	216,8.
16	Bijouterie.	Hectog,	458	179,5.
17	Huile d'olive.	Kilog.	63,855	108,5.
18	Tabletterie et bimbloterie.	Idem.	14,591	97,4.
19	Encre liquide à écrire ou à imprimer.	Idem	19.414	97,0.
20	Poils de lièvre et de lapin.	Idem.	2,133	85,5.
21	Chapeaux de feutre.	Franc.	—	81,82
22	Meubles.	Idem.	—	81,26
23	Plaqués.	Kilog.	6,178	61,7.
24	Articles de l'industrie parisienne.	Idem.	5,784	59,7.
25	Parapluies en soie et montures.	Franc.	—	55,1.
26	Tuiles, briques et carreaux.	Le cent.	10,615	53,0.
27	Poissons.	Kilog.	20,552	43,4.
28	Vinaigre de vin.	Hectog.	906	51,7.
	Autres articles.			889,6.
TOTAL.	Exportations.			18,081,5.
	Importations.			13,191,58.
				f. 31.272,7.

NOTA. Il est à remarquer que les valeurs réelles sont plutôt au-dessus qu'au-dessous de celles portées dans ce tableau, les déclarations de douane étant généralement réduites.

EXTRAIT DU TABLEAU GÉNÉRAL

DU COMMERCE DE LA FRANCE AVEC LES PUISSANCES ÉTRANGÈRES PENDANT L'ANNÉE 1849,

PUBLIÉ PAR LE MINISTÈRE DE L'AGRICULTURE ET DU COMMERCE.

Commerce maritime avec la République de l'Uruguay.

IMPORTATIONS EN FRANCE DE L'URUGUAY.

(Buceo et Montevideo.)

DÉSIGNATIONS DES MARCHANDISES.	UNITÉS.	QUANTITÉS.	VALEURS OFFICIELLES.
...eaux bruLes.	V. metr.	24,615	3,753,160
...iif brut.	Idem.	4,655	236,645
...ines en masse.	Idem.	372	118,717
...s et cornes de bétail.	Idem	732	59,228
...rins bruts.	Kilog.	55,681	82,065
...lumes de parure.	Idem.		
...utres articles.		22,246	22,249
TOTAL			4,362,167

Navires venant de l'Uruguay (Bucco et Montevideo)

16 de 3,290 tonneaux
19 de 3,954 idem partis pour l'Uruguay

35 navires 7,244

EXPORTATIONS DE FRANCE A L'URUGUAY.

(Buceo et Montevideo.)

	DÉSIGNATIONS DES MARCHANDISES	UNITÉS.	QUANTITÉS.	VALEURS OFFICIELLES.
1	Vins.	Hectol.	24,486	f. 790,554
2	Tissue de soie.	Kilog.	2,324	871,560
3	Tissus de laiue.	Idem.	8,047	206,644
4	Eau de vie et liqueurs.	Hectol	1,364	136,954
5	Tissus de coton.	Kiloz.	5,541	105,008
6	Poteries, verres et cristaux.	Idem.	106,376	96,671
7	Parfumeries.	Idem.	12,516	87,612
8	Papier, cartons, livres et gravures.	Idem.	24,270	82,043
9	Effets à usage.	Idem.	3,086	61,720
10	Peaux ouvrées.	Idem.	2,116	58,220
11	Mercerie et boutons.	Idem.	8,021	55,162
12	Ouvrages en métaux.	Idem.	19,221	47,115
13	Sucre raffiné.	V. mètr.	386	46,261
14	Tissus de lin ou de chanvre.	Kilog.	1,213	54,999
15	Peaux préprées.	Idem.	6,909	33,190
16	Poissons marinés ou à l'huile.	Idem.	11,863	29,657
17	Bijouterie d'or.	Hectog.	63	26,000
18	Tabac fabriqué ou seulement préparé.	Kilog.	4,055	23,639
19	Médicaments composés.	Idem.	3,400	20,745
20	Vinaigre de vin.	Hectol.	592	20,719
21	Huile d'olive.	Kilog.	6,797	16,655
22	Fromages.	Idem.	20,382	14,260
23	Meubles.	Franc.	—	15,764
24	Modes et fleurs artificielles.	Idem.	—	12,260
25	Chapeaux de feutre.	Idem.	—	11,685
26	Beurre.	Kilog.	8,446	11,402
	Autres articles.		169,015	169,015
	TOTAL. { Exportation.			2,481,597
	{ Importation.			4,262,067
				f. 6,743,664

COMMERCE ENTRE BUENOS-AYRES ET LE HAVRE.

Total des produits envoyés de Buenos-Ayres au Havre dans le courant de l'année 1850.

NOMS des NAVIRES.	TONNAGE.	DATES D'ARRIV	CUIRS. —	CRINS. — Balles.	LAINES. — Balles.	PEAUX de MOUTONS — Balles.	PEAUX de MOUTONS	SUIFS. — Caisses.	SUIFS. — Barils.	CORNES	PLUMES. — Balles.	ROGNURES DE CUIRS. — Balles.	HUILE de pieds de bœufs. — Barils.	OS.	ONGLONS.	MARCH. DIV.
Anna.	227	janv. 7	10,136	80	16	»	»	500	»	10.000	7	7	»	»	»	5
Perruche.	200	» 25	9,810	19	47	»	»	»	»	1 gren	2	»	»	»	»	7
Ville de Rouen.	240	» 25	4,805	84	119	1	»	131	110	»	»	»	18	»	»	14
Parana.	256	» 28	8,866	38	107	»	»	270	»	4,100	»	»	»	»	»	15
Lion.	559	févr. 22	672	14	217	2	»	86	545	»	»	60	4	»	»	»
Normand.	258	mars 4	8,787	»	71	2	1,500	490	»	4,440	2	»	»	»	»	»
Ankober.	195	» 27	5,856	16	204	25	»	86	»	»	»	»	»	»	»	6
Australie.	250	mai 11	8,580	»	»	»	»	367	»	»	»	»	»	»	»	8
Nélie-Mathilde.	192	» 11	9,961	50	»	»	»	225	»	6,825	»	19	»	»	»	»
Jeune-Evariste.	200	» 11	3,855	14	»	»	»	»	»	3,000	»	»	»	»	»	»
Casimir.	227	» 11	8,319	29	67	»	»	»	»	»	»	»	»	»	»	4
Marie et Pauline.	250	» 27	»	51	17	3	»	219	255	»	»	52	»	»	»	»
Automne.	250	» 28	4,628	8	155	4	»	55	12	»	10	»	»	»	»	2
Guarani.	254	juin 11	4,090	19	183	2	»	599	»	4,000	8	»	»	»	»	19
Universel.	267	» 12	10,274	39	»	»	»	100	»	2,500	2	»	»	»	»	10
José.	240	» 25	5,867	»	26	»	»	100	108	»	»	»	»	»	»	14
Roitelet.	247	» 30	8,314	51	56	»	»	»	»	500	1	»	»	»	»	20
Phenix.	150	juillet 4	5,026	12	91	»	»	»	»	»	»	»	»	»	1	»
Dassas.	220	» 10	10,610	»	»	»	»	99	40	»	2	»	»	»	»	»
Ernest.	248	» 19	11,697	4	»	»	»	127	1	1 gren	»	»	»	1 gren	»	»
Camoens.	144	» 27	13,762	»	1	»	»	»	»	1 »	»	»	»	1 »	»	»
Coriolan.	180	août 18	9,022	»	94	»	»	»	»	1 »	»	»	»	»	»	2
Napoléon.	227	» 23	11,264	»	»	»	»	»	»	1 »	2	»	»	»	»	4
Anna.	227	octob. 2	12,409	16	22	»	»	129	»	»	»	»	»	1 »	»	11
Parana.	250	nov. 2	10,825	2	»	»	»	40	30	1 »	»	38	»	»	»	»
Lion.	559	déc. 6	18,443	6	1	6	»	40	»	1	1	50	»	1 »	»	49
Valeur approximative. Fr.			3,652,458	246,000	1,003,800	25,800	3,000	549,450	660,600	94,000	44,400	19,520	2,200	6,000	1,200	72,000

TOTAL GÉNÉRAL, 6,360,428 fr.

TOTAL des Marchandises envoyées du port du Havre à Buenos-Ayres dans le courant de l'année 1850.

NOMS DES NAVIRES.	DATE DE SORTIE.	TONNAGE.	NOMB. DES COLIS.	NATURE DU CHARGEMENT.	VALEUR APPROXIMATIVE.
Ernest	7 janvier.	248	491	Soieries, tissus de coton, tissus	656,000
Camoens.	10 d	214	969	de laine, tissus soie et coton, tis-	1,200,000
Duchesse Anne.	15 do	152	257	sus coton et laine, tissus fil, pas-	450,000
Paix.	16 février.	175	578	sementerie, mercerie, quincaille-	420,000
Napoléon.	16 do	227	659	rie, lingerie, meubles, glaces,	850,000
Lamennais.	20 do	215	292	porcelaine, vins, drogues, eau-	550,000
Zilia.	10 mars.	257	480	de-vie, liqueurs, etc., etc., etc.	400,000
Anna.	16 do	247	120		250,000
Parana.	10 avril.	250	550		550,000
Ankobert.	10 mai.	196	575		500,000
Casimir.	10 juin.	227	498		450,000
Mobilière.	10 juillet.	356	128		1,000,000
Philanthrope.	19 do	194	Carreaux de briques		5,000
Guarani.	10 août.	234	980		800,000
Universel.	10 septembre.	367	750		750,000
Camoens.	10 octobre.	244	780		800,000
Napoléon.	10 novembre.	227	646		700,000
Gilblas.	10 décembre.	295	650		900,000
Perruche.	10 »	200	615		600,000
Creisquear.	10 »	192	1400		500,000
				TOTAL	11,729,000

Total des Produits envoyés du port de Buenos-Ayres à Bordeaux dans le courant de l'année 1850.

Nota. Il n'y a point ou peu de *retour* de Buenos-Ayres à Bordeaux, à raison du commerce spécial de ce dernier port. Les navires qui en partent chargés de vins retournent à une destination différente de leur point de départ.

ARRIVÉE.	NOMS DES NAVIRES.	TONNAGE.	CUIRS SECS.	CUIRS SALÉS.	SUIFS. caisses.	CRINS. balles.	LAINES. balles.	OS.	CORNES.	VALEUR APPROX.
1 Juin.	Virginie-Gabrielle.	255	11,050	500	528	5	103	20,000	2,000	530,140
10 juillet.	Orthésien......	192	»	»	150	»	»	»	»	22,500
5 août.	Coriolan......	219	2,000	»	»	»	»	»	»	54,000
										total 386,640

Total des Marchandises envoyées du port de Bordeaux à Buenos-Ayres dans le courant de l'année 1850.

SORTIE.	NOMS DES NAVIRES.	TONNAGE.	VINS EN BARRIQUES.	VINS EN DEMI-BARRIQ.	VINS EN CAISSES.	LIQUEURS EN CAISSES.	MARCHANDISES DIVERSES.	VALEUR APPROXIMATIVE.
14 janvier.	Coriolan......	219	656	8	767	312	85 caisses.	184,800
8 février.	Alfred........	219	152	6	110	152	186	165,500
26 »	Mobile......	529	695	18	2149	695	547	547,610
14 mai.	Lion........	559	815	27	1227	500	185	258,440
17 »	Saint-Martin....	211	289	11	60	209	»	92,600
18 »	Sirène........	260	214	48	285	»	10	87,040
29 »	Accéléré......	214	709	115	493	437	59	108,620
6 juillet.	Neptune........	252	551	»	481	15	210	240,200
11 »	Français......	178	648	136	596	»	41	94,880
25 »	José.........	206	775	»	223	50	4	95,900
5 août.	Amérique......	510	862	169	202	85	221	350,580
16 »	Aimé........	251	747	»	500	16	155	165,340
24 »	Australie......	210	522	200	1218	151	12	164,460
18 septemb.	Nouvelle Augustine	176	718	»	500	85	481	292,040
20 »	Coriolan......	219	704	60	28	100	50	120,170
21 »	Rapide.......	250	654	18	454	127	125	120,000
24 »	Cornète......	247	280	»	200	»	«	62,000
2 octobre.	Orthézien......	169	695	54	»	96	20	90,580
19 »	Norden........	192	582	152	30	»	426	278,690
28 »	Alexandre.....	258	952	»	255	85	54	84,910
	L'Alice........	182	654	50	»	55	1400 briques.	85,820
30 »	Turenne......	287	40	»	109	»	1212	67,800
15 novemb.	Aigle........							
16 »	Eucamé.......							
28 »	Charles......	Chargements évalués pour........................						686,00
31 »	Henri Shelton..							
								total 3,890,590

COMMERCE ENTRE BUENOS-AYRES ET MARSEILLE.

TOTAL DES PRODUITS envoyés du port de BUENOS-AYRES à MARSEILLE dans le courant de l'année 1850.

NOMS DES NAVIRES.	DATE d'arrivée.	TONNAGE.	CUIRS secs.	CUIRS salés.	CUIRS de cheval.	LAINES en balles.	CRINS en balles.	SUIFS en caisses	CORNES.	VALEUR approxim.
Acorte Ligure	17 janvier.	172	7,560	»	»	»	»	»	»	127,000
Nouveau Provençal.	17 do	205	6,970	2,000	»	150	»	80	»	269,400
Costante	22 do	150	1,800	»	7,000	»	»	»	»	102,400
Sirène	20 février.	270	14,200	»	»	»	50	»	»	250,600
Chasseur	9 do	198	4,000	»	»	64	»	450	1 grenier.	184,500
César	11 mars.	201	5,787	2,000	»	81	»	25	1 do	194,610
Alcide	5 avril.	252	8,500	1,500	»	40	»	»	1 do	206,000
Uruguay-Tigre	12 do	200	8,000	»	»	25	22	»	1 do	175,100
Banaré	21 juin.	171	6,000	1,000	»	44	»	»	»	154,800
Printemps	22 do	220	5,850	»	400	179	7	»	1 grenier.	204,100
Henri-Louise	20 juillet.	198	4,100	2.568	»	170	11	»	»	250,000
Courageuse-Eugénie	25 do	165	4,500	2,000	»	»	»	»	»	109,400
Félicité	25 septembre.	121	5,000	»	»	7	2	»	»	159.900
Chasseur	17 novembre.	200	4,700	2,250	»	90	25	»	»	190,000
Nina	26 do	} deux navires estimés pour.								520,000
Jupiter	29 do									
									Fr.	2,875,610

TOTAL DES MARCHANDISES envoyées du Port de MARSEILLE à BUENOS-AYRES dans le courant de l'année 1850.

NOMS DES NAVIRES	DATE de sortie.	TONNAGE.	VINS.	HUILES.	EAU-DE-VIE.	PATE.	FROMAGES	LIQUEURS.	FARINES.	SELS.	VALEUR approxim.
Elisabeth	11 février.	360	B. 440	C. 100	C. 15	C. 15	»	»	B¹ 165	1 grenier.	280,700
Chasseur	1 mars.	200	C. 600	605	200	»	Cuv. 20 do 50	»	J»	»	200,200
Tigre	21 mai.	200	B. 550	540	150	10	Caiss. 40	Caiss. 20	»	»	206,100
Virginie	26 juin.	166	B. 120	»	»	»	»	»	»	»	185,000
Mélanie	25 septembre.	96	C. 109 B. 167	»	90	»	Cuv. 12	Caiss. 45	»	»	148,000
Banaré	25 do	171	B. 560	»	175	»	»	Caiss. 50	»	»	186,000
NAVIRES SARDES.											
Giulio	7 mai.	218									
Carlotta	5 août.	177									
America	14 septembre.	350	} chargements indéterminés estimés pour.								1,250,000
Sº Gº Batista	14 novembre.	220									
Magdellagen	25 do	220									
Chasseur	24 décembre.	200									
										Fr.	2,254,000

Total des produits envoyés du Port de Buenos-Ayres à Cette dans le courant de l'année 1850.

NOMS DES NAVIRES.	DATE D'ARRIVÉE.	TONNAGE.	NATURE DU CHARGEMENT.	VALEUR APPROXIMATIVE.
Caroline..	25 janvier.	138		110,000
Fides.	12 février.	164		151,500
César..	29 mars.	201		161,250
Virginie.	7 avril.	166		155,000
Saint-Jacques..	50 mai.	215		172,500
Frédéric-Eugénie.	6 juillet.	167	Cuirs secs et salés.	155,600
Printemps.	10 do	220		57,000
Henry et Louise.	4 août.	192		76.800
Soleil.	16 do	220		60,250
Courageuse Eugénie.	21 do	165		155,500
Caroline..	27 octobre.	138		110,200
			Total. . . .	1,259,400

Total des marchandises envoyées du port de Cette à Buenos-Ayres pendant le courant de l'année 1850.

NOMS DES NAVIRES.	DATE DE SORTIE.	TONNAGE.	NATURE DU CHARGEMENT.	VALEUR APPROXIMATIVE.
Baron Paganini.	22 janvier.	505		282,500
Soleil.	22 do	220		150,200
Chasseur.	19 mars.	200		125,000
Caroline.	5 avril.	158		189,000
Louise.	10 mai.	179		99,640
Félicité.	1 juillet.	159		79,400
Saint-Jacques..	51 do	215	Vins, huiles et liqueurs.	127,600
Prudenza.	25 août.	205		122,200
Aspirant.	6 septembre.	121		70,700
Génie.	8 do	196		97,900
Frédéric-Eugène.	9 do	167		95,720
Lucie.	15 octobre.	191		115,560
Henry et Louise.	22 do	203		151,400
Soleil.	2 novembre.	220		120,400
			Total. . . .	1,786,220

Paris. Imprimerie de Poussielgue, rue Croix-des-Petit-Champs, 29.